Poemas de Vivencias

RUTH SCHNABEL ZELARAYAN
Diseño Gráfico por Eva D. Zelarayan

Vivencias: Poemas de Vivencias por Ruth Schnabel Zelarayan
Copyright © 2015 Ruth Schnabel Zelarayan

Contacto: RuthSchnabelZelarayan@hotmail.com
Web: www.facebook.com/RuthSchnabelZelarayan
*   www.instagram.com/ruth_schnabel_zelarayan_poeta*

Todos los derechos están reservados. Ninguna parte de esta publicación puede ser reproducida o transmitida en ninguna manera o por ningún medio, sea electrónico o mecánico, lo cual incluye fotocopiar, grabar o cualquier otro tipo de almacenamiento de información y sistema de reproducción, sin la autorización por escrito del autor.

Diseño Gráfico y Foto de Portada © 2015 Eva D. Zelarayan

Contacto: eva_designer@outlook.com
Web: www.behance.net/eva-daniela
*   www.facebook.com/evadanielagd*
*   www.instagram.com/eva_designer*

Para mis hijos, para el amor, para mi familia, para aquellas personas que entraron a ser parte de mi familia, y por último para tí: querido lector, que eres una poesía...

Índice

Poesía
Poesía 12

Folklor y Tango
Folklor y Tango 16

No Te Has Ido
No Te Has Ido 20

Soledad
El Mate y Yo 24
Un Vacío En Mi Vida 25
Me Perdí En El Espacio 26
El Papá Que Nunca Tuve 28

Silencio
A Veces 32
Silencio 33

Guerra y Paz
Guerra 36
Gracias 38
Dios Tu Existencia Es Real 40

Familia
Un Deseo 44
Amor Verdadero 45
Nostalgia 46
Mamá 47
Monica La Amiga 48
Esquina 49
La Mía Va a Ganar 50

Ladrones
Ladrones 54

Versos y Frases 56

Poesía es el sentimiento expresado en palabras

Poesía

Poesía es el sentimiento expresado en palabras...

Poesía

Poesía es el sentimiento
expresado en palabras,
Poesía es el dolor vivido,
Poesía es la alegría compartida,
Poesía son anhelos reprimidos.

Tu eres mi poesía,
Poesía es la vida,
Poesía es la muerte,
Poesía es el amor,
es también el desamor.

Poesía es la alegría,
también la tristeza,
Poesía es la ilusión,
Poesía es la desilusión.

Cada uno de nosotros,
vivimos una poesía,
buena o mala.

Poesía es Dios,
Poesía es un niño,
Poesía es la vida,
Poesía es la muerte.

Oh poesía,
Poesía eres Tú.

Folklor y Tango

Folklor y Tango

Folklor y Tango,
unidos por la mitad del mundo,
donde nace el insólito amor,
de Ruth y Daniel.

Cansada me dormía, para no pensar mas, y cual era mi sorpresa, al verte regresar, mientras mi alma, vagaba en soledad, otra alma me encontraba, y hacía mi sueño realidad.

No Te Has Ido

No Te Has Ido
Mayo 9, 2012, 8:30PM

Una noche triste,
te fuiste,
para no volver más,
nos juramos que si eso nos pasara,
tu me buscarías.

No entendia tu partida,
ni el que no respiraras más,
era fuerte mi agonía,
que queria seguirte,
en el más allá.

Cansada me dormía,
para no pensar más,
y cual era mi sorpresa,
al verte regresar,
mientras mi alma,
vagaba en soledad,
otra alma me encontraba,
y hacía mi sueño realidad.

No te has ido,
no te has ido,
esa es mi realidad.

Vivir sueños dormidos,
y volver a realizar,
lo que aún no hemos vivido,
y lo que vivimos ya.

En este sueño compartido,
nos podemos encontrar,
hoy sé que no te has ido,
y seguimos tan unidos,
en el sueño de nuestra realidad.

Hoy ya no estoy tan triste,
porque se como encontrar,
a esa alma gemela,
que me espera,
en mi sueño,
hecho realidad.

Soledad

El Mate y Yo
Enero 12, 2004

Mis hijos se han ido,
todos se han ido,
y solo hemos quedado,
el mate y yo.

El que no me abandona,
necesitas tanto tu de mí,
como yo de tí.

Juntos estaremos,
juntos compartiremos,
la alegría de verlos regresar,
aunque sea de visita,
aunque sea por un saludo,
tu estarás aquí junto conmigo,
compartiendo ese momento,
compartiendo esa despedida,
y volveremos a quedar solos,
el mate y yo…

Un Vacío En Mi Vida

Diciembre 1, 2002

Entre poemas y versos,
quiero hablarte Mamá,
te llamo, te busco y no estás,
yo te quiero aqui,
quiero acostarme en tu regazo,
quiero tu abrazo.

¿Con quien paso este trago amargo Mamá?
¿Dime dónde estás? ¿Eres así con los demás?
Creo estar soñando, pero es la realidad.
Me distes el ser y te vás.
¿Dime que hice mal?
¿Para que me dejas en soledad?
¿Acaso estoy de más?
¿Como te olvidaste de mi Mamá?

Todos pueden fallar, pero tú no Mamá,
en mi memoria aún estás,
sé que te acordarás de mi y vendrás,
pero quizás yo ya no esté más,
y entenderás mi soledad,
pero ya no sufriré mas al ver que tú no estás,
porque dormiré con tu recuerdo,
y llegará para mí la felicidad,
y para tí la soledad.

> Dedicado a aquellas Mamás que eligieron irse y no regresar al nido.

Me Perdí En El Espacio
Enero 2007

Mi mente voló,
se perdió,
quedó en el espacio,
donde no hay dolor,
donde no hay alegría,
ni risas, ni llanto.

Volé, volé, volé,
sin recuerdos,
sin pasado,
sin presente,
sin futuro.

Mi mente quedó en blanco,
sin saber quién soy,
dónde voy,
de dónde pertenezco.

Pero…
¿Quién soy?
¿A dónde voy?
¿A quien pertenezco?

Ya no duele,
ya no importa.
Vuela, vuela,
mente mía,
así no sientes ni dolor,
ni alegría.

Todo es blanco,
nada es negro,
o todo es negro,
nada es blanco.

Que importa sólo vuela,
vuela, vuela,
sin pasado,
sin presente,
sin futuro,
sin risas,
sin llanto.

Es hermoso,
estar perdida,
en el espacio.

El Papá Que Nunca Tuve

Enero 2007

Cuando niña imaginaba a papá,
cuando niña imaginaba que algún día vendría,
yo ya tenia un libro de poesía,
cuentos que imaginaba que me leía,
juegos, risas, abrazos, que nunca vendrían,
hasta pensaba que jugaríamos a las escondidas,
pensaba, pensaba,
¿porque no sucedía?

Aunque pasaban los años,
todavía creía que vendrías,
hoy que deje de soñar y volar,
me doy cuenta que todo era fantasía.

Te busqué en el amor de un tío,
allí buscaba tu compañía,
en el padre de aquella amiga,
ese padre sí que la quería.

Hoy me doy cuenta que nunca vendrás,
¿pero sabes? si jugaste conmigo,
jugaste a las escondidas.

Ya no te espero, todo fué fantasía,
esto me sucedió a mi y que ironía,
esto sigue pasando y es la realidad de la vida.

Dedicado para tí, que no supiste ser papá.

El silencio es amigo de la soledad, el silencio no tiene palabras dichas, el silencio se siente, en el silencio se piensa, se desea, se ama, se admira.

Silencio

A Veces

Abril 14, 2003, 12:35AM

A veces decimos cosas,
que no queremos,
y con una mala mirada o mal gesto,
ofendemos a quien tanto queremos.
A veces callamos y no nos enfrentamos a decir
aquello que nos ha molestado,

Y pasan los días,
y pasan los años,
manteniendo el dolor,
que nos hace tanto daño.

La vida se nos va,
sin darnos un abrazo,
sin entender que paso,
en ese día malo.

¿Donde están los recuerdos?
¿Donde están los bellos momentos?
¿Donde están los te quiero?
¿Es acaso el dolor tan fuerte,
que no lo vemos?

Conversemos que la vida se nos va,
y no lo vemos y después,
nos lamentaremos de no haber dicho,
oh familia, oh hermano, oh amigo,
Cuanto te amo.

Silencio

El silencio es como la muerte,
el silencio es melancolía,
el silencio es amor,
amor sin palabras, sin sonido.

El silencio es amigo de la soledad,
el silencio no tiene palabras dichas,
el silencio se siente,
en el silencio se piensa,
se desea, se ama, se admira.

En el silencio te entristeces,
en el silencio recuerdas,
el silencio es amargo, es largo.

Querer hablar y callar,
querer llorar y callar,
el silencio es como una tumba fría sola,
el silencio tiene una amiga,
La Soledad.

¿Y mi paz sin tu presencia donde esta? Dame tu lugar. Empuñando un arma, con coraje, con miedo, ¿Lograras la paz? ¿Y mi paz donde esta? ¿Y mi paz sin tu presencia donde esta? Dame tu lugar. Empuñando un arma, con coraje, con miedo, ¿Lograras la paz? ¿Y mi paz donde esta? ¿Y mi paz sin tu presencia donde esta? Dame tu lugar. Empuñando un arma, con coraje, con miedo, ¿Lograras la paz? ¿Y mi paz donde esta? ¿Y mi paz sin tu presencia donde esta? Dame tu lugar. Empuñando un arma, con coraje, con miedo, ¿Lograras la paz? ¿Y mi paz donde esta? ¿Y mi paz sin tu presencia donde esta? Dame tu lugar. Empuñando un arma, con coraje, con miedo, ¿Lograras la paz? ¿Y mi paz donde esta? ¿Y mi paz sin tu presencia donde esta? Dame tu lugar. Empuñando un arma, con coraje, con miedo, ¿Lograras la paz? ¿Y mi paz donde esta? ¿Y mi paz sin tu presencia donde esta? Dame tu lugar. Empuñando un arma, con coraje, con miedo, ¿Lograras la paz? ¿Y mi paz donde esta? ¿Y mi paz sin tu presencia donde esta? Dame tu lugar. Empuñando un arma, con coraje, con miedo, ¿Lograras la paz? ¿Y mi paz donde esta? ¿Y mi paz sin tu presencia donde esta? Dame tu lugar. Empuñando un arma, con coraje, con miedo, ¿Lograras la paz? ¿Y mi paz donde esta? ¿Y mi paz sin tu presencia donde esta? Dame tu lugar. Empuñando un arma, con coraje, con miedo, ¿Lograras la paz? ¿Y mi paz donde esta? ¿Y mi paz sin tu presencia donde esta? Dame tu lugar. Empuñando un arma, con coraje, con miedo, ¿Lograras la paz? ¿Y mi paz donde esta? ¿Y mi paz sin tu presencia donde esta? Dame tu lugar. Empuñando

Guerra y Paz

Guerra

Marzo 14, 2003

Soldado Gonzáles,
Soldado Smith,
Soldado Schnabel,
Soldado A,
Soldado Z,
como te llames,
que importa en que ángulo estás,
si todos luchan por ganar eso,
que llaman paz.

¿Y mi paz sin tu presencia dónde está?
Dame tu lugar...
Empuñando un arma,
con coraje,
con miedo,
¿Lograrás la paz?
¿Y mi paz dónde está?

Eres mi orgullo aquí y allá,
mientras tu luchas,
contra la muerte,
contra tu muerte,
contra mi muerte,
dime...
¿Quién ganará?
Es ganarse la lotería,
si te viera regresar.

Vuelve pronto soldado,
y tendremos paz.
Necesito ganarme el premio,
de verte regresar,
para juntos celebrar,
que ya tenemos paz,
y así poder calmar este llanto,
que es como el mar,
y poder decir:

Soldado Gonzáles,
Soldado Smith,
Soldado Schnabel,
Soldado A,
Soldado Z,
como te llames…

¡Viva la paz,
viva nuestra paz!

> Dedicado a mi hermano el Soldado Schnabel, y a todos los soldados y familiares que luchan por la paz… recuerda mi corazón va contigo.

Gracias
Agosto 20, 2004

Frente a frente,
cara a cara,
como dos amigos,
tu siempre a mi lado.

Aunque pasen los años,
ya no soy aquel niño,
al que siempre cuidabas,
ya no soy aquel adolescente,
al que siempre guiabas,
soy aquel anciano,
que te da las gracias.

Gracias porque sin ti Jesús,
no seria quién soy,
gracias por las cosas que me has dado,
por el hermano, el amigo,
que tengo a mi lado.

Gracias por los recuerdos,
gracias por el pasado,
porque Jesús allí has estado,
a mi lado.

Gracias por existir,
en el aire,
en la lluvia,
en el sol,
en mi ser.

Gracias por ser fiel,
mientras otros te buscan,
yo te encontré, mi Rey,
mi amigo, mi Dios.

Frente a frente,
cara a cara,
yo con unos años de más,
frente a amigos y hermanos,
te doy las Gracias,
por haberme elegido a ser tu hijo,
y por gracia me has protegido,
junto a los míos.

Que más puedo decirte,
gracias amigo mío.

¡Dios Tu Existencia Es Real!

Septiembre 27, 2000

¿Porqué dudar que tu existes?
Si en la sonrisa de un niño, allí estás,
si en una nueva vida, allí estás,
en la naturaleza, allí estás,
en el mar, allí estás,
en la lluvia regando la tierra, allí estás,
mirando las estrellas aún allí estás.

¿Porque negar tu existencia?
Tu existes cuando respiro,
cuando duermo, cuando lloro, cuando canto.
¿Porqué se nos hace difícil creer en ti?
En los ancianos, allí estás,
en las familias, allí estás,
en el amor, allí estás.

¿Porque dudar que tú existes?
Si los pájaros hablàran,
nos dirían que tu existencia es real.
Detengámonos a pensar, a sentir,
a decir, gracias porque tú existes,
Tú eres Jesús, el Dios del Universo.

¡Que Felicidad! Te miro, te siento, te quiero, eres parte de mi, eres el amor hecho realidad, eres mi deseo cumplido. Que importa lo demás, hijo, hijo mío.

Familia

Un Deseo

Si la vida nos regalara un deseo,
Mi deseo sería:
Poder estar contigo hijo mío,
siempre que me necesites.

Amor Verdadero

Sólo el escuchar tu respirar,
sólo el sentir que tú estás,
tenerte en mis sueños,
y en la realidad,

Te miro, te siento, te quiero,
eres parte de mi,
eres el amor hecho realidad,
eres mi deseo cumplido.
Que importa lo demás,
hijo, hijo mío.
¡Que Felicidad!

Nostalgia

Te escucho cantar,
te escucho reír,
te escucho llorar,
te escucho pelear,
te veo correr,
de aquí para allá.

La nostalgia me invade,
y mi mente vá más allá.
Escucho cantar tu marcha nupcial,
te escucho reír de felicidad.

Aún te tengo conmigo,
y te extraño más.
Aún no te has ido,
y me siento en soledad.
Siento que te me vás,
chiquilín querido corre,
aquí y allá, ríe, llora, canta,
que mamá aquí está.

Le agradezco a Dios,
que tu aún estás,
angelito cuando partas,
te deseo felicidad,
¡Y regresa cuando quieras,
que te esperan los brazos de Mamá!

Dedicado a mis 3 hijos: Eva, Ruth, y Newell.

Mamá

Dios nos amo tanto que nos mandó a ese ser maravilloso que es mamá,

Mamá- la que dá todo sin medida,
Mamá- la que no se cansa de noche ni de día,
Mamá- la que dá todo por amor.

Ésa es mi mamá,
cuando era niña la admiraba,
cuando fuí adolescente la criticaba.
Ahora que soy mamá,
entiendo porqué mamá callaba y me amaba.

Si me dieran a elegir la mamá de otros yo diría:
no quiero otra mamá,
la que tengo llenó mi vida,
me dió buenos ejemplos,
por ella conocí a Dios,
mamá me llenó de amor,
mamá me enseñó a ser mamá.

Por eso grito y digo,
Gracias señor por elegir a mamá,
y gracias mamá por ser mamá.

> Dedicado a todas las mamás que se quedaron en el nido. Y especialmente a mi querida mamá Bella Schnabel.

Monica La Amiga
Noviembre 21, 2002

Tu estadía ha traído alegría,
a nuestras vidas.
En ti he encontrado,
a una amiga que no conocía.

Risas, alegría, momentos hermosos,
en tu compañía,
y la tristeza,
de la despedida.

Mañana será otro día,
pero sin tu compañía.
Volveremos a vernos,
quizás algún día,
y recordaremos y viviremos,
aquellos momentos de alegría.

Dedicado a mi prima Monica,
con quien compartí mi infancia.

Esquina
Septiembre 2000

Contemplo aquella esquina y ya no estás,
esa esquina donde te podíamos encontrar,
aquella esquina contempló tus penas,
que nunca supimos, te la llevaste contigo.

En aquella esquina reías,
aconsejabas a tus sobrinos y amigos.
En aquella esquina nos encontramos,
hablábamos, reíamos, y recordábamos.
Ya no estás en aquella esquina.

Quiero que sepa el mundo entero
que yó admiraba aquél hombre de la esquina,
porque supo ser padre, tío y amigo.
¿Dónde està el hombre de aquella esquina?
No te digo adiós aunque ya no estés,
porque estas dentro de mi corazón,
en los recuerdos, en las fotos,
en las sonrisas, en las bromas,
estás en tus hijos, en tu esposa,
estás en nosotros, porque somos parte de ti,
somos tus sobrinos, que siempre te quisimos.

> Dedicado a mi tío Jorge Schnabel
> que ya no está con nosotros.

La Mía Va a Ganar

Abril 14, 2003, 2:00AM

Les aviso señoras que van a premiar
a la mejor suegra de la vecindad.

Las nueras se preparan
a hablar la verdad…
Si me das la palabra,
yo quiero opinar,
quiero contar lo que viví,
a través de los años,
y porqué creo que ella ganará…

Si me escuchan muy atentas,
les voy a contar…
Mi suegra nunca me hiso mal,
discutimos una o dos veces,
pero eso sucede en todo lugar.
Me enseño algunas cosas,
que me sirvieron en mi hogar,
como cocinar, como reír,
y con su pícara carita,
me hacia sonrojar,
cuando decía una broma,
delante de los demás.

Y si eso no es suficiente,
Yo les cuento más.
Es una abuela cariñosa,
solo por eso debería ganar.
Le damos gracias a Dios,
por poderla disfrutar,
y pedimos al cielo,
que le dé muchos años más,
para disfrutarla y aprender cosas,
que todavía tiene que enseñar…

Si alguien tiene mejor suegra,
yo quiero escuchar,
la pondremos en balanza,
y te aseguro que mi suegra ganará,
y con éste poema,
yo quiero agradecerle,
por todo lo que me dió:
Su cariño, su respeto, su amor,
para conmigo y sus nietos.
Estas son cosas que no se olvidan,
por más que sople el viento,
y se lo he demostrado,
con todo el sentimiento…

Dedicado a todas las buenas Suegras.

Ladrones

Ladrones
Enero 5, 2003, 1:30AM

Muchos en esta vida,
hurtan tu moral,
tu ilusión,
tu deseo de vivir.

Pero no pueden,
hurtar tu amor,
tus recuerdos,
tus fantasías,
tus sueños,
porque el único dueño,
de todo eso,
Eres tu.

Versos

Llevo conmigo las marcas y cicatrices del amor, ellas son testimonio de que amé...
(Abril 17, 1989)

No, no tengo apuro, mi paso es lento, pues nadie me espera...

En el silencio esta el peligro...

Frases

La pobreza existe porque somos egoístas...

Vicioso, un corazón que sólo pompea,
una mente que no piensa,
un errante muerto en vida...

Ser responsable es asumir consecuencia...

La verdad duele y es difícil aceptarla, pero
la mentira es un insulto a nuestra persona,
por consiguiente a nuestra inteligencia...
(Febrero 11, 2003)

Mis hijos ya graduados hicieron mi sueño realidad.
Gracias Eva, Ruth, y Newell por existir.

Eva D. Zelarayan
Hoy Eva esta realizando profesionalmente su sueño de diseño gráfico con una compañía prestigiosa de caramelos. Está muy feíz y bendecida por Dios. Tiene planes de tener su propia empresa de diseño gráfico.

Ruth N. Zelarayan
Hoy Ruth continúa su profesión trabajando de maestra de niños. Su amor por los niños y la oportunidad de trabajar con ellos la hace muy felíz y agradecida con Dios. Tiene planes de abrir su propia guardería.

Newell R. Zelarayan
Hoy Newell trabaja como maestro de niños. Su amor por los niños también lo hace felíz. También es agradecido y bendecido por Dios. Tiene planes de continuar sus estudios con una Maestría para ejercer una carrera profesional de terapia infantil.

Espero que te hayas identificado con algún poema de mis **Vivencias**, ya que todos pasamos los mismos sucesos en diferentes momentos.

De mi te puedo contar que soy felíz pese a todos los momentos difíciles que hé pasado. Soy felíz porque tengo a Dios en mi vida y los malos momentos quedaron en el pasado. Hoy espero de Dios que siga haciendo grandes cosas en mi vida y en la vida de mi familia, y en la tuya también aunque no te conozca.

Si te gustaron estos poemas, espero que me sigas en mi próximo libro, ahí te espero.

Vivencias: Poemas de Vivencias por Ruth Schnabel Zelarayan
Copyright © 2015 Ruth Schnabel Zelarayan

Contacto: RuthSchnabelZelarayan@hotmail.com
Web: www.facebook.com/RuthSchnabelZelarayan
  www.instagram.com/ruth_schnabel_zelarayan_poeta

Diseño Gráfico y Foto de Portada © 2015 Eva D. Zelarayan

Contacto: eva_designer@outlook.com
Web: www.behance.net/eva-daniela
  www.facebook.com/evadanielagd
  www.instagram.com/eva_designer